AF383417

Alena Vogel

Introverse

Lyrik

LANDLÄUFIG

Alles in mir wurde so angelegt,
dass ich immer wieder gleich passiere.
Adenin, Guanin, Thymin, Cytosin.
Uns trennen 16 Grashalme, 1 Spitzwegerich.
Ein Insekt am Boden,
zerstört.
Du siehst mich an und ich weiß,
dass nur meine Welt untergeht,
weil dieses Nichts, das es bedeutet,
den Horizont füllt.
Ein Grashalm knickt.
Du wirst es nicht erfahren.
Und so verbleiben wir mit dem Stand
Mir: nichts
Dir: nichts
Und ich verliere.

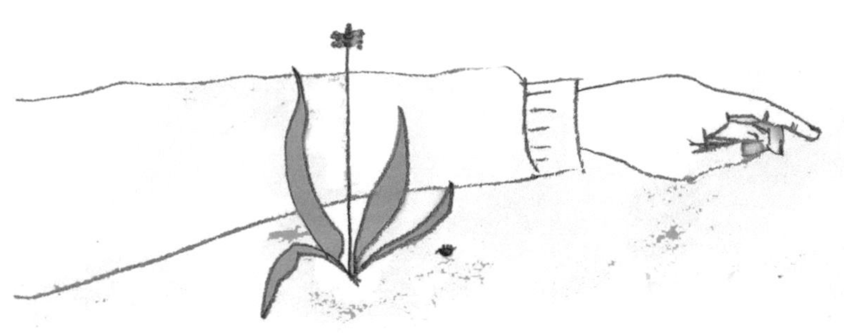

GEWEBE

Als ich aufwache, klirrt es.
Ich sehe mich um, hebe eine Scherbe auf.
Darauf bist du, hältst mich im Arm.
Bedingungslos.
Der Traum zieht sich zurück,
der Knoten zur Realität bleibt.
Was wir haben, ist fragiler.
Es bröckelt, sobald ich es greife.
Will es vergehen?
Muss ich es lassen?

GEDANKEN

doppelt schnüren sie
Stiefel
ziehen sich an
manchmal Schichten
aus der Tür auf den Berg
Tal nach Berg und wieder Tal
Land grenzt an
vieles davon schon bekannt
in der Ferne zuckt ein Blitz

bei manchen hoffe ich
auf Rückkehr

PODEST

So gehe ich, zerbrechlich, den Weg entlang. Von Schallwellen durcheinandergewirbelt, die nichts bedeuten. Meine Haut so dünn wie Schmetterlingsflügel. Im Traum überhole ich die Punkte der Geraden.

HAIKU

Holzgesang im Wald
Beschützt mich vor Tonprasseln
Raus aus dem Stadtbauch

RÜCKHALL

Und auf in den Wald Wald Wald
wo das Ende des Schmerzes
wohnen kann wenn du willst
at the top of your lungs
Wo die Luft nicht flirrt vor all den Nichtsen
and I was oh so wrong
Ein Blatt sonnendurchflutet im Wind
mit Kirsche
schreit mir nach

MIETSHAUS

Ein Mietshaus an der Bahn
mit Meerschwein
und Kirschbaum
und Kindheit
blühend
Und in der Garderobe
ein Strichmännchen
hinter den Jacken
- Beim Auszug wird man streichen müssen -
und Lokomotivkuchen
und Bachplätschern
Und Brezelnschnappen

Dann:
wenige Züge
Kirschernten
Kreidestriche
Bachliter später
hat einer von uns
zwei Daten
wir anderen müssen sie
auf Formulare schreiben

GEZEITENTÜMPEL

Ein Wort
Ich wachte auf, stand,
schrieb es,
hängte es.
Wir mit den Patchworks auf den Wunden
hielten uns bedeckt.

HOME 2.0

Wurzeln radikal gekappt
Kindheitshaus neu vermietet
auch jetzt kommt Wechsel
jedes dritte Jahr

zu viel Heim
in vier Wänden
die alles duplizieren was ist
als Echo zurückwerfen
als Stein an den Schädel
als Speer ins Herz
als Faust an den Kiefer
dir alles weismachen
was du nicht bist

Bei Rückkehr
aus fremdem Flachland
in heimatliche Hügel
gibt es Idyll
nur kurz nach Landung

Ich setze auf
Enthalt

Dann aber
nimm bunte Farben
von hier
aus jeglicher Jahreszeit
und plötzlich sind
Augen Ohren Hände Füße
angekommen
wo sie waren

BLICKFELD

Das Wissen sah so traurig aus
Die willkürliche Verkettung
Von Atomen
Obschon eine Schraube geformt
Und auch der Vorhang weinte
Ewiges Leben
Sprach die Schlammpfütze
Seht nicht hinauf zu den Feldern
Auch von den Bäumen
Muss ich euch abraten

WOGENSCHLAG

Dezibelknast
Candelachaos
Ich weiß nicht
wo atmen
Da blutet hin
ein weißer Denk

TÜR UND TOR

Gerade will ich die Tür schließen, da stellt die Verzweiflung ihren Fuß dazwischen. Bevor ich den Topfdeckel zumachen kann, steigt mir heißer Erinnerungsdampf ins Gesicht.

Für dich aber rolle ich die Worte zwischen den Handtellern hin und her, vom einen in den anderen, bis nichts mehr zu rollen ist, bis eines zerbricht, weil zu groß.

Wenn die Stille mir die Ohren zerfetzt, weil sie deine Abwesenheit bedeutet, ist der Zeitpunkt gekommen.

X X

So werdet denn dem Geschlecht gerecht!
Ich zog aus,
mich mit Tannen zu versöhnen,
meinen Haaren wieder zu glauben
und dem Gras.
Meine Füße fuhren auf Gleisen
und in meine Zehen
wurden Sprungfedern eingebaut.
Feet on the ground.
Head in the stars.

Nicht mehr einverstanden
ist das Zwillingschromosom,
eintätowiert in meinen Handrücken.
Den zerrt man von den Gleisen.
Der restliche Körper hat keine Wahl.

Verurteilt
in den Karzer mit Nachtigallen,
wo Phallusbäume zufrieden wachsen.

EINTAGSSCHLANGE

das zimmer und ich
kein weiterer
atem nur
zwei hände ein teppich
da kommt der zug
man zwingt mich
ich teile einen vierertisch
mit dem moment
in dem ich dir widersprach
damals
ahme mich nach
sagt er
ich imitiere
seine grimassen
die handbewegungen
spiegelgleich
neben ihm
sitzt deine hose
nicht ganz unpassend
tanzt mir vor
vom nordlicht umgeben
deine füße
am ende des hosenbeins

in meinem nacken
der atem
der mein atem war
als ich mit ihnen rannte
bemalt
durch die nacht zum fluss
um meinen arm windet sich
die lange grüne
die nicht einen tag
alt wurde

TAKTILES

Nase an Hals
Kopf an Schulter
Tränen an T-Shirt
Arm an Handfläche
Stimme an Ohr
Haar an Haut
Wange an Kinn
Hand an Haar
Bein an Bein
und ein Raum
voller Augen
die uns verbieten

ETYMOESIE

Brandung
ist tatsächlich
flammenden Ursprungs

Meine Wurzeln radikal
gekappt
Ohne Zaudern
vonstatten gegangen
Traurige Reue
in der nächsten Zeile der Zeit

Elend
ist ein Alien
in fremdem Land

Träge Trauer
nicht umsonst
verwandt

Z U F A L L

Ein missglückter Sprung im Hürdenlauf
Ein Fleck im Raum-Zeit-Gebilde
Eine laufende Nase
Der letzte Baum am nördlichen Ende
Eine vertrocknete Topfpflanze
Ein überfüllter Magen
Eine zu lange Nacht

Meine Anwesenheit

Im letzten Augenblick
stoße ich an das Wasserglas
Neben meinem fertigen Bild

DIE FENSTER

Tonprasseln
Holzbrausen
Dann die Fehlberührung
Falsch abgepasst
Notlösung Messerschneide
Ich wollte dir erzählen
Dass ich manchmal atmen möchte
Und mir dabei die Haut im Weg ist
Dass ich kleine und große Fenster
In ihr schaffen muss
Doch da warst du verschwunden
Und solltest nie davon erfahren
Der Abdruck deiner Berührung
Zwischen den Fenstern

SYMBIOSE

Dorthin, wo in der Mitte
Ein Stück fehlt
Oder doch eher
Zum unteren Teil des
Baumstammes
Dorthin gehe ich
Wann?
Wann immer ich fürchte
Mich parasitisch an dich zu heften

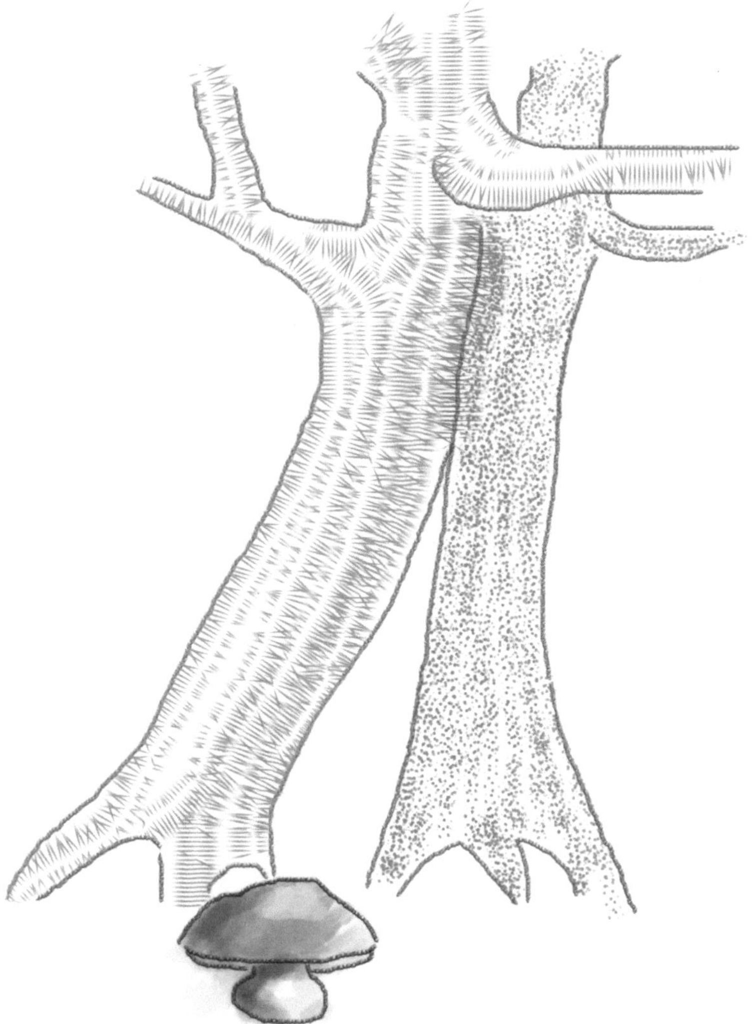

DERIVAT

Nehme vorlieb mit dem
schwer erziehbaren
Nachwuchs toter Sprache
Ahme nach, was danach ruft
Bruchteile von dir
zu fassen
in den Rahmen
meines Verstandes

UND ICH HALTE MICH

Und ich halte mich fest umschlungen
Die Lichter ziehen vorbei
Sie greifen, sie erreichen muss ich
Doch ich kann mich nur sträuben
Es gilt sie zu lieben
Obgleich unmöglich zu wählen
Schaff ich künstliches Licht aus dir
Erlaube mir keine Berührung
Nie wieder könnt ich's entzünden
Geteilt ist der Nebel
Doch ich wage es nicht
Scharf und klar ist der Weg
Doch der Wind wirbelt umher

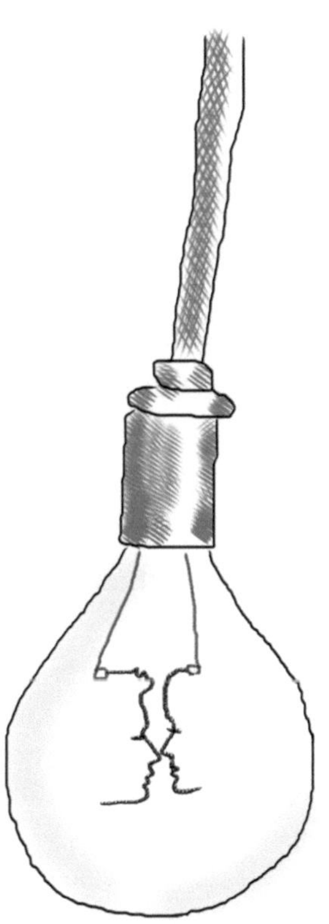

FILTER

Am Morgen wache ich auf und alles ist vorbei.
Die Welt ist dieselbe, aber der Schleier ist mir
davongeflogen, die Filter haben sich umdefiniert,
die Farbeinstellungen verbessert, der Atem vertieft.
Ich fühle mich, als würde ich an
Kirschbäumen vorbeilaufen, blühend.